UN MOT

SUR LA

CONVERSION DE LA RENTE

CINQ POUR CENT,

Par Louis-Antoine GILLET,

Adjoint au maire de Nemours, membre du Conseil-Général
du département de Seine-et-Marne.

Mars 1840.

Fontainebleau, imp. de E. JACQUIN.

UN MOT

SUR LA CONVERSION DE LA RENTE

CINQ POUR CENT.

Après plusieurs années de discussions préparatoires, la conversion de la rente cinq pour cent n'offre vraiment qu'une question à débattre : celle du maintien, de la réduction ou de la suppression de l'amortissement. En d'autres termes : la France veut-elle se libérer de sa dette ? sa libération sera-t-elle lente ou rapide ?

Considérée isolément, indépendamment du remboursement de la dette, la réduction du taux de l'intérêt de certaines rentes constituées est une mesure sans influence aucune sur la richesse nationale. En effet, ainsi que Ricardo l'a démontré de la manière la plus péremptoire, « la somme le-
» vée pour payer les intérêts d'un emprunt ne fait
» que passer des mains de ceux qui la paie dans
» les mains de ceux qui la reçoivent, des mains
» du contribuable dans celles du créancier de
» l'état; que les intérêts de l'emprunt soient ou ne
» soient pas payés, la nation ne s'en trouve ni
» plus ni moins riche. » (1).

Ce qui est vrai du tout, l'est aussi d'une par-

---

(1) Des principes de l'Économie politique et de l'Impôt, ch. XVII.

tie, et l'on peut affirmer, sans craindre de se tromper, que la France n'en serait ni plus ni moins riche, quand il arriverait que, par suite d'une combinaison quelconque, les contribuables auraient à dépenser par an dix ou douze millions de plus, qui seraient retranchés du revenu des détenteurs de la rente cinq pour cent.

Pour que le pays gagnât à l'opération, il faudrait que ces dix ou douze millions laissés entre les mains des contribuables devinssent plus productifs que s'ils passaient dans celles des rentiers. Or, à l'égard de cette question, pour me servir encore des expressions de Ricardo, la nation n'a ni le droit ni les moyens de la décider.

Toutefois il importe à tous que les rapports des créanciers de l'état et des contribuables soient réglés d'après les principes de la justice et de la loyauté, et il y a ici un double devoir à remplir pour le gouvernement, dont le rôle consiste à servir d'intermédiaire entre les parties contractantes. Il veillera donc en même temps à ce que l'intérêt convenu soit intégralement payé aux prêteurs et à ce que les véritables emprunteurs, c'est-à-dire les contribuables, ne paient rien au-delà de ce que vaut le loyer du capital prêté. Ainsi donc, si des prêteurs moins exigeans que les premiers se présentent, il devra substituer à l'ancienne dette, une dette constituée à de meilleures conditions. Payer cinq pour cent, quand on pourrait emprunter à quatre, c'est pour les particuliers un acte de mauvaise administration, c'est pour les gouvernemens un acte d'injustice, c'est dépouiller bénévolement les uns pour enrichir les autres, c'est faire le contraire de ce que prescrivent les règles d'une bonne justice distributive.

Mais ce qui intéresse au plus haut degré l'utilité nationale, c'est d'arriver par l'ordre, le travail et l'économie, à rétablir le capital national diminué par les circonstances désastreuses qui ont forcé de recourir à l'emprunt. En vain des sophistes plus ou moins habiles ont essayé de faire croire qu'un état s'enrichissait en empruntant (1); tous les hommes dont le nom fait autorité en économie politique, ont repoussé unanimement cette monstrueuse absurdité. Il semble inutile de citer les opinions bien connues de Smith, de Say, de Sismondi, de Tracy, de Malthus même qui, bien qu'il pense *que les revenus reçus et dépensés par les créanciers de l'état sont plus favorables à la demande des produits manufacturiers et tendent beaucoup plus à augmenter le bonheur et la culture de*

---

(1) Pour mettre en évidence complète les effets des emprunts publics il faudrait offrir la théorie de la formation des richesses sociales, c'est-à-dire faire un traité d'économie politique. Toutefois, il m'a semblé qu'un auteur moderne a combattu l'erreur signalée ici, de manière à être compris par les personnes même les plus étrangères à cette science :

« C'est une idée fort singulière que celle d'imaginer qu'en
» fondant la dette, on crée un nouveau capital. Je vois d'a-
» bord qu'on détruit des capitaux : les particuliers prêtent au
» Gouvernement leurs épargnes; celui-ci, en les dépensant,
» les disperse; elles n'existent plus. Le rentier possède en
» échange un titre qui lui assure le paiement des intérêts. S'il
» veut avoir un capital, il peut se le procurer en vendant sa
» rente; mais n'imaginons point qu'il y aura dans cette opé-
» ration deux capitaux échangés. C'est s'abuser, que d'en voir
» un dans la feuille de papier du rentier. Aussi long-temps
» qu'il la garde, il n'a pas de capital; et lorsqu'il l'a vendue,
» son acheteur n'a plus de capital. » (*Économie politique* de Jos. Droz, page 375.)

toute la société, que si on le rendait aux propriétaires *fonciers*, n'en est pas moins pénétré des maux qui sont la suite d'une grande dette nationale ; il suffira, je pense, de rapporter ce que dit en se résumant à ce sujet Ricardo, celui des économistes qui, sans contredit, connaît le mieux la nature des fonds publics en général.

« Pendant la paix nos efforts doivent être dirigés
» vers le paiement de la portion de dette qui a été
» contractée pendant la guerre, et aucun désir
» d'alléger un fardeau qui, je l'espère, n'est que
» temporaire, ne doit nous détourner un instant
» de ce grand objet. » (1).

(1) A l'opinion unanime des économistes l'on pourrait ajouter celle des hommes pratiques. Chaque fois qu'il a proposé un emprunt, notre gouvernement a toujours annoncé l'intention et démontré la possibilité de le rembourser un jour. Il en a été de même en Angleterre ; et dans l'ouvrage dicté par le ministère britannique et publié par son ordre, sous le titre de l'*État de l'Angleterre au commencement de* 1822 *et* 1823, l'on rencontre à chaque page des chapitres qui traitent des finances, la preuve de l'importance que l'organe du Gouvernement attache à la conservation d'un amortissement efficace.

« Il serait paradoxal de vouloir prétendre qu'il n'est pas à
» désirer que la dette pût être plus promptement éteinte. »
(1822, pag. 95.)

« Mais nous vivons dans un temps où tout est de nouveau
» remis en question et sert à alimenter l'esprit de parti. Une
» classe d'écrivains s'est présentée, qui prétend maintenant
» réfuter pour la première fois l'utilité d'un fonds d'amortis-
» sement. » (1822, pag. 24.)

Il a bien fallu modifier ce langage, quand on est venu plus tard demander au Parlement la suppression de l'amortissement ; mais il ne faut pas oublier que cette mesure n'a été proposée que lorsque les dépenses, toujours croissantes, ont absorbé toutes les recettes sans laisser d'excédant. C'est le cas de dire aux écrivains anglais qui nous inviteraient à les imiter :

« Votre avis est fort bon. . . . . . |
» Mais tournez-vous, de grâce, et l'on vous répondra. »

L'on voit dès-lors le vide de tous ces nouveaux projets dont les auteurs ne se proposent rien moins que de faire disparaître presque entièrement le fardeau d'une dette publique, par de simples combinaisons financières.

Si la France doit 120 millions de rentes cinq pour cent, susceptibles de conversion, l'on nous fait espérer que plusieurs opérations habilement conduites réduiront ces 120 millions à 24, pour peu que l'état ne répugne pas se reconnaître débiteur d'un capital de 24 milliards, chiffre énorme, il est vrai, mais qui n'a d'effrayant que l'apparence, puisqu'il serait convenu en même temps qu'il n'en serait jamais remboursé un sou. (1).

Admettant un instant qu'on puisse s'applaudir d'un tel résultat, je demanderai s'il est aussi facile qu'on le dit de le réaliser. Une fois qu'il sera bien reconnu que l'état n'a ni l'intention ni la possibilité de payer le principal de sa dette, l'on ne tiendra plus aucun compte de l'importance de la valeur toute nominale du titre, et, dans les transactions de la bourse, l'on aura seulement égard au chiffre de la rente perpétuelle qu'il s'agira de vendre et d'acheter. Le ministre des finances aura beau annoncer que les 3 francs de rentes qu'il veut mettre en émission, correspondent à un capital de 150 francs et qu'il y a avantage à les recevoir en échange de cinq francs de rentes, correspondant à un capital de cent francs seulement ; personne ne se laissera prendre au piège, pas un rentier ne consentira à la diminution de

(1) Voir les discours de MM. Berryer et Laffitte dans la discussion de 1828.

son revenu, pour acheter la satisfaction de se dire propriétaire d'un capital plus élevé dont le remboursement n'aura jamais lieu.

Je comprendrais que le propriétaire d'une rente cinq pour cent se décidât à entrer dans la combinaison, en présence d'un amortissement dont la mission serait de rembourser successivement le nouveau fonds et par conséquent d'en faire hausser la valeur. On peut abandonner quelque chose sur l'intérêt, quand on a l'espoir de recevoir un jour un excédant de capital ; mais n'oublions pas que dans le système que nous examinons, l'amortissement doit disparaître ; le point essentiel est que l'état ne rembourse d'aucune manière, c'est à cette seule condition qu'une conversion opérée au moyen de la diminution de l'intérêt, combinée avec l'augmentation du capital, donne des bénéfices certains.

Pour que le fonds dont l'intérêt aurait été graduellement réduit représentât en réalité un capital de même valeur, il faudrait que ce qu'on appelle l'intérêt de l'argent fût en baisse progressive. Ainsi, dans le cas ou cent francs ne produiraient couramment que trois francs, puis ensuite deux francs, puis ensuite un franc, une rente perpétuelle de trois francs, pourrait représenter successivement un capital de 100 fr., de 200 fr., de 300 fr.; mais, le fait dont on suppose l'existence, l'abaissement progressif de l'intérêt, est contraire à la nature des choses. Le taux de l'intérêt est déterminé par le rapport existant entre l'offre et la demande des capitaux, et ce rapport varie suivant des circonstances qu'il n'est donné à personne de maîtriser. Une guerre amène une grande consommation de capitaux, les raréfie et en fait hausser le loyer; des temps calmes en provoquent la multiplication; tandis que, quelquefois un grand développement commercial leur offrant des emplois nombreux et lucratifs, fait que, malgré leur abondance, ils sont recherchés et donnent un intérêt élevé à leurs possesseurs.

Il est donc probable qu'une réduction dans le taux de l'intérêt ne sera pas suivie d'une réduction nouvelle, et si l'état, un peu plus tôt, un peu plus tard, sentait le besoin de diminuer la dette nationale, il aurait à demander aux contribuables des sommes beaucoup plus considérables que celles qu'il a reçues.

Mais, d'ailleurs, s'il est démontré que ce n'est pas le paiement des intérêts de la dette nationale qui accable une nation, que ce n'est pas en supprimant ce paiement qu'elle peut être soulagée, (1) où seraient donc les avantages de la combinaison?

Supposons un moment que les capitalistes consentent à donner leur argent en échange de rentes non remboursables par le fait et constituées à un

(1) Ceci n'est vrai que des emprunts fournis par des nationaux. Quand la rente est touchée par un étranger, la nation débitrice profite de la réduction opérée; mais elle éprouve un grand préjudice de l'accroissement démesuré de la valeur du capital, car les prêteurs étrangers pourront apporter leurs titres à la Bourse et recevoir en échange une portion du capital national, qui se trouvera ainsi diminué de tout ce qu'ils auront reçu et exporté. Le seul moyen d'éviter cet inconvénient, c'est d'imiter le gouvernement espagnol, qui ne paie ni capital, ni intérêt. Pour lui, un emprunt correspond à une contribution de guerre, qu'il lève sur des voisins complaisans. C'est là le *nec plus ultrà* de la science financière : point de mauvaises chances, et tout profit.

intérêt peu élevé; il en résultera que le mouvement d'argent à établir de la bourse du contribuable à celle du prêteur, pour le service de ces rentes, sera comparativement peu considérable, mais les capitaux consommés par le gouvernement n'en auront pas moins été retranchés de ceux destinés à alimenter la consommation productive des industriels, et la richesse nationale en restera plus ou moins altérée, suivant l'importance de la partie enlevée au capital productif de la nation.

Ainsi, le problème à résoudre pour un gouvernement que les circonstances ont amené à dévorer par avance les ressources de l'avenir, c'est de rétablir le capital national dans son intégrité, et il n'y a d'autres moyens d'y parvenir que de mettre en réserve une partie de l'excédant des productions sur les consommations du pays; en d'autres termes, de laisser librement fonctionner une caisse d'amortissement alimentée par l'excédant des recettes sur les dépenses du trésor public.

S'il est d'une bonne politique pour tous les gouvernemens sans exception de profiter des intervalles de repos qu'ils rencontrent pour réduire leurs dettes, il s'en trouve qui, en raison de leur position particulière, sont encore plus intéressés que les autres à ne pas s'écarter de la ligne tracée par une sage prévoyance.

La France semble dans une de ces positions. Entourée de nombreux voisins, accessible de plusieurs côtés, le soin de sa sûreté lui fait un devoir de tenir l'œil constamment ouvert sur ce qui se passe autour d'elle et de ne rester indifférente à aucune des questions européennes qui s'agitent et dans lesquelles, bon gré mal gré, elle se trouve engagée. Avec l'intention bien arrêtée de conserver la paix, demain peut-être commencera-t-elle une guerre qui durera vingt ans et ajoutera cent millions de rentes à la dette actuelle. De telles éventualités doivent être portées en ligne de compte, et la prudence exige que la France, plus encore qu'aucune des autres nations de l'Europe, profite sans remise de ses intermittences de paix extérieure et de calme intérieur, pour diminuer la pesanteur du fardeau que les mauvais jours menacent incessamment d'alourdir.

Du reste il est facile de comprendre que rembourser lentement, équivaut à ne pas rembourser du tout. Les jours de repos et de prospérité sont courts, et s'ils passent sans que la dette extérieure ait été sensiblement diminuée, les nouveaux emprunts nécessités par les mauvaises circonstances, viendront s'ajouter aux anciens qui n'auront pas été amortis et former tôt ou tard une charge excessive, sous le poids de laquelle le crédit public sera infailliblement écrasé.

De ce que le soin de sa sûreté et de son indépendance fait une loi à la France, de diminuer rapidement le capital actuel de sa dette, il résulte que toute opération consistant à donner des rentes avec augmentation de capital ne peut avoir que des conséquences désastreuses pour les contribuables. En effet, l'amortissement conservant une action énergique, le bénéfice qu'on leur promet de cette combinaison sera toujours peu considérable et pourra même se transformer en une perte réelle. Un inconvénient plus grave encore, c'est que quelques années de repos feraient certainement monter le nouveau fonds au pair d'abord, au-dessus du pair ensuite, de telle sorte, que la libération de l'état, que, d'après nous, il s'agit d'assurer avant tout, deviendrait aussi onéreuse, aussi impossible qu'avant cette conversion.

Mais, dira-t-on, dans ce cas l'on aura recours à une nouvelle conversion. Non seulement une opération de cette nature ne se renouvelle pas sans de grands inconvéniens, mais une nouvelle conversion n'aurait pas plus d'efficacité. Quand un amortissement puissant agit incessamment sur un fonds qui tous les jours s'amoindrit, la spéculation vient en aide, et l'élévation progressive du cours détruit toutes chances de bénéfice pour les contribuables et de libération pour l'état débiteur, qui se trouve ainsi enfermé dans le cercle toujours renaissant des mêmes difficultés.

Une dette publique, il faut donc le reconnaître et le proclamer, ne s'éteint pas par des achats faits au cours de la bourse. Si la France veut sincèrement réduire la sienne, il est de toute nécessité qu'elle convertisse celles de ses rentes rachetables qui ont dépassé le pair en un fonds remboursable par annuités, pendant le nombre d'années qu'elle voudra employer à sa libération.

Dans ce système, tous les avantages de la réduction du taux de l'intérêt sont positifs; ils sont faciles à constater, ils sont irrévocablement acquis aux contribuables, quelque essor que puisse prendre ensuite la valeur vénale du titre de la dette.

Parmi ces avantages, un surtout ne saurait être dédaigné; c'est qu'un fonds remboursable se prête moins au jeu qu'un fonds rachetable, toujours constitué à un taux qu'on appelle élastique.

L'agiotage trouvant moins d'aliment, une portion des capitaux dont il se sert dans ses enjeux, deviendrait libre et chercherait un emploi à la fois plus moral et plus productif; ce qui favoriserait la diminution que les bons esprits appellent de leurs vœux dans le taux de l'intérêt des capitaux réclamés par l'agriculture et l'industrie.

Le prompt amortissement de la dette conduirait d'un pas plus rapide encore au même but. Les rentiers remboursés seraient dans la nécessité de trouver d'autres placemens pour leurs épargnes. Leurs capitaux transportés là où ils sont le plus rares et le plus chers, amèneraient ainsi tout naturellement le nivellement du taux de l'intérêt : résultat immense pour la prospérité nationale, mais qu'il faut désespérer d'atteindre tant que la bourse, remplaçant les loteries et les maisons de jeux, fera l'office d'un abîme dans lequel viendront s'engouffrer tous les capitaux ambitieux.

Point d'illusion : la dissémination des capitaux en France et la baisse du taux de l'intérêt dans nos provinces dévorées par l'usure, dépendent aujourd'hui de trois conditions principales :

Diminuer graduellement le capital de la dette nationale;

Décourager l'amour du jeu par des mesures législatives, au premier rang desquelles il convient de placer celles qui auraient pour but de prévenir le retour du scandale des sociétés en commandite par actions; (1)

---

(1) On pourra dire que le mauvais succès, aujourd'hui bien connu, de la plupart des sociétés en commandite par actions,

N'entreprendre et n'autoriser que dans les limites tracées par la prudence, les travaux qui doivent multiplier et rendre plus rapides les moyens de communication entre les diverses parties de la France; car, quels que soient les avantages que l'on puisse attendre de ces travaux, il est certain qu'en y consacrant soudainement des capitaux engagés ou réclamés ailleurs, on provoquerait une de ces crises qui portent la perturbation dans les transactions commerciales, et livrent à la souffrance les populations industrielles.

Ainsi donc, raisons politiques, raisons financières, raisons économiques, tout se réunit pour nous conseiller d'entrer dans la voie, déjà battue par d'autres et par nous-mêmes, des emprunts constitués à capital fixe avec remboursement gradués. (1).

A quelque parti que l'on s'arrête, il importe d'éviter un déclassement trop considérable de la rente conversible; mais cet inconvénient n'aura pas lieu chaque fois que l'on offrira aux créanciers de l'état des avantages aussi grands que ceux qu'ils peuvent espérer de se procurer ailleurs. Cette

suffit pour prémunir le public contre les séduisantes amorces des prospectus, je ne partage pas cette sécurité :

« Le danger s'oublie, et cette peur si grande
« S'évanouit bientôt : je revois les lapins
« Plus gais qu'auparavant revenir sous mes mains.
« Ne reconnait-on pas en cela les humains ? »

(1) C'est ce qu'ont fait entre autres, et avec succès, la ville de Paris et le gouvernement autrichien, ce gouvernement qui, dirigé par ceux des hommes d'état de l'Europe qui comprennent peut-être le mieux les conditions dont dépend la prospérité publique, se fait pardonner sa forme par le bien qu'il opère loin du grand jour, de l'observation et du bruit.

appréciation ne présente aucune difficulté aux hommes pratiques, et sans vouloir trancher la question, je suis disposé à penser qu'un intérêt de quatre pour cent par an, avec une prime payée à ceux des rentiers dont les titres seraient désignés par le sort pour être remboursés pendant les premières années, constituerait des conditions assez favorables pour retenir dans la rente française ceux qui y sont entrés avec l'intention d'y rester. Il est encore permis de croire que les ressources fournies au gouvernement par la caisse d'amortissement et par la négociation de bons de la caisse de service, suffiraient pour faire face aux remboursemens qui pourraient être demandés.

Remarquons en passant que le temps pendant lequel devrait s'effectuer le remboursement des rentes arrivées au pair est déterminé d'avance par la constitution de notre amortissement, qu'il s'agirait seulement d'employer plus efficacement, sans en augmenter la puissance, sans rien ajouter, par conséquent, aux charges actuelles du pays.

La conversion de la rente cinq pour cent ainsi conçue, semble donc présenter des avantages considérables et positifs :

Certitude de libération pour l'état ;

Modération dans le taux des intérêts à la charge des contribuables ;

Simplicité dans le mode d'exécution.

Si, par je ne sais quels motifs, on refusait d'entrer dans le système indiqué, je préfèrerais, je l'avoue, *le statu quo* à une création de rentes avec augmentation de capital; je ne voudrais à aucune condition d'un mode de conversion, qui sans résoudre le problème de la libération de l'état, compromet également les intérêts du rentier et du contribuable, en confisquant les bénéfices de l'opération au profit des matadors de la finance appelés à prendre part à ce gigantesque tripotage, et présente, par conséquent, l'immense danger d'alimenter actuellement et d'encourager pour l'avenir cette fièvre d'agiotage que tous les efforts du législateur doivent tendre à tempérer, s'il n'est pas possible de l'extirper entièrement. *Le statu quo*, on ne peut le dissimuler, a ses inconvéniens; mais au moins, il ne compromet pas la possibilité d'opérer un jour une conversion vraiment favorable aux intérêts matériels et moraux du pays, la seule à mon avis qu'il convienne de tenter.

P.-S. — Ces réflexions étaient écrites, quand le Ministère du 12 Mai apporta aux Chambres son projet de conversion.

Du point de vue où je me suis placé, il semble que ce projet compromet les intérêts des contribuables, en autorisant le gouvernement à payer quatre et demi d'intérêt, avec augmentation de capital, quand le quatre est au-dessus du pair, et qu'il compromet les intérêts généraux de l'état en suspendant l'action de l'amortissement pendant dix ans ; car le nouveau fonds devant, dès son émission, dépasser le pair, il ne restera de rachetable, pendant cette période, que le trois pour cent, et tout le monde comprend l'impossibilité de conserver la constitution actuelle de l'amortissement en présence de cette partie de notre dette. Rien, si je ne me trompe, ne pouvait mieux que ce projet, mettre au grand jour l'insignifiance des avantages et la gravité des inconvéniens attachés au système que j'ai combattu.

www.ingramcontent.com/pod-product-compliance
Lightning Source LLC
Chambersburg PA
CBHW070438080426
42450CB00031B/2725